PLAN

DE

PAIX UNIVERSELLE

ET PERPÉTUELLE.

Imprimerie de MIGNERET, rue du Dragon, n.° 20.

PLAN

DE

PAIX UNIVERSELLE

ET PERPÉTUELLE,

CONÇU A FRANCFORT SUR LE MEIN,

EN AVRIL 1813.

PLAN de Contribution Paternelle , de maisons de secours et de libération absolue de l'Etat.

Supplique à SA MAJESTÉ et aux Chambres, en émission d'une loi qui consacre à jamais la Croix et l'Evangile sur le Trône , et le Roi aux pieds de leur trône ;

Et d'une loi qui autorise SA MAJESTÉ , les Chambres , à proposer aux Puissances , l'établissement d'un Conseil Suprême des Rois , garant de la Paix perpétuelle ;

Avec des notes importantes et des extraits d'essais moraux en prose et en vers.

PAR M. DESTRAVAULT,

Magistrat , ancien Avocat, Auteur de la Direction Paternelle et Maternelle des Mœurs , ou Diadême de nos lois, et de divers autres opuscules moraux.

A PARIS,

Chez l'AUTEUR , rue Saint-Germain-l'Auxerrois , n.° 86.
Et chez tous les Libraires.

1817.

PLAN

DE

PAIX UNIVERSELLE

ET PERPÉTUELLE,

CONÇU A FRANCFORT-SUR-LE-MEIN, EN AVRIL
1813.

Voila la seconde fois que je vois, avec délices, présenter un doux espoir au monde (1).

Palerme, 27 octobre, Journal du 23 novembre.

« Un congrès auguste dont l'histoire ne
» présente aucun exemple, s'occupe d'éta-
» blir la paix générale sur des bases dura-
» bles, et, en général, les affaires de l'Eu-

---

(1) J'écrivais ceci au commencement du congrès.

» rope, tendent au rétablissement du calme
» et de la justice. Le sort de l'Europe, est
» fixé. »

Journal-Général de France, au 12 *novembre,* article *Londres :* « Nous avons
» dit plusieurs fois, et nous répétons en
» ce moment, que le congrès ne s'occu-
» pera pas exclusivement, de régler la por-
» tion de terre à posséder par les différentes
» Puissances. Ce congrès pourrait se renou-
» veler, suivant les circonstances, soit pour
» prévenir les querelles, soit pour terminer
» celles qui pourraient s'élever à l'avenir.
» Bref, après 200 ans, on pourrait voir
» s'exécuter le projet d'Henri IV, dont le
» but était d'assurer, à perpétuité, la paix
» de la chrétienté, etc. »

Mais ce Prince, la reine Élisabeth qui en
auraient suggéré le projet, et Sully, en res-
treignirent l'application, à la communauté
européenne.

J'ai lu aussi un moyen de pacifier l'Europe, par un Général français, et les deux
premiers articles sur le plan de M. de Saint-
Simon.

Nul jugement téméraire ! Le zèle de M. le
Comte peut être aussi pur que vrai ; mais

les spéculations financières et personnelles l'ont occupé avant les plans politiques pour notre intérêt.

Je laisse aux profonds observateurs, à expliquer comment son zèle à propager en Europe, la constitution de la *métropole* du commerce et de ses *ressources* , coïncide avec la proclamation au *royaume* de Hanovre , dans le même but ; avec une institution que le public , que notre Gouvernement , sans doute , ne connaissent pas , et que je m'empresse de leur révéler.

Je ne trahis personne : Je n'ai reçu l'ordre d'aucun secret.

J'arrive à Carlsruhe , pour intéresser la justice de S. M. Alexandre, à réparer ma ruine occasionnée par des mesures que S. M. a ordonnées.

Je prie M. le Curé catholique de me guider. Il m'adresse à madame la comtesse de Kreudner , Russe , dont les paroles ne respirent que N. S. J. C. Elle m'annonce une association qui a son foyer en Angleterre , et étend au loin ses ramifications. Elle se propose de propager la religion , et a déja dans cet esprit, répandu beaucoup de petits ouvrages , dont madame la Comtesse me fait espérer la communication.

« La religion catholique , sans doute, ma-
» dame , si je me permets d'en juger d'après
» la piété de votre langage ? — N'importe,
» monsieur , toutes les Églises sont bonnes,
» pourvu qu'elles confessent l'Évangile et
» J.-C. — Je dois , madame , conformer
» ma foi , à celle de l'Église Romaine , et je
» suis bien fâché que vous en professiez une
» différente. »

Depuis ce colloque , plus d'entretiens sur
ce sujet , plus de communication des œuvres
de l'association.

Madame la Comtesse a établi dans une de
ses chambres , à Carlsruhe , un oratoire pré-
sidé par un pasteur non Romain , disgracié
même dans sa secte. Tous les soirs, cet oratoire réunit des habitués , particulièrement
du sexe , d'une condition et d'une vertu dont
on parle. La chambre , d'environ trente
pieds carrés , est presque pleine des fidèles de
Madame. Le pasteur entonne un chant, des
prières, et termine par une harangue. Je le
tiens de témoins oculaires.

Madame la Comtesse a passé quelque
temps à La Roche-Bernard ; une personne
m'a appris que pareil établissement y était
formé.

Des moyens attrayans y sont employés, pour *propager*, m'a-t-on dit; l'on a un crédit ouvert par l'Angleterre; le Pasteur de Carlsruhe aurait quinze cents francs, d'appointemens. J'en ai parlé à Madame et à Mademoiselle sa fille : elles m'ont répondu par un rire sardonique et négatif.

Mais l'œil de l'Église et du Gouvernement, est là; je ne leur révèle que ce que je sais. Nous avons assez de divergences sur la doctrine du Sauveur; on ne peut les multiplier, en des vues dignes de sa divinité. Espère-t-on étendre ses tributs, non-seulement sur *notre puissance*, *notre commerce*, mais encore sur nos ames? A quel patriarchat aspire-t-on? Quel modèle s'empresse-t-on de nous offrir? Quelle rencontre merveilleuse ! M. le Comte, madame la Comtesse et le Régent ! Qu'est-ce ce que cet essai en sous-œuvre ?

Ténèbres, ténèbres que ne redoute pas la lumière. Elle ne cessera de luire pure, du Vatican, sur nos lys qu'elle protège et qui l'adorent.

Qu'on se borne à coopérer, en implorant la grâce, au grand œuvre espéré du Congrès.

Mes vœux seraient-ils donc *exaucés?* Au-

raient-ils eu le bonheur et la gloire de se ren-
contrer avec ceux des maîtres du Monde ,
quorum non sum dignus calceamenta ligare?

Voyez à quelle époque je les ai formés !

Qui y pensait alors ? Sans doute chacun
voulait , mais sous son règne absolu , la paix
universelle. L'on remarque encore aujour-
d'hui certaines aspirations , de cette générosité.

L'on me dira : vous proposiez un *in statu
quo* qui était la solution de toutes les
grandes difficultés , la question pour raison ,
la perte de la cause anglaise , et vous ex-
posiez le monde aux abus du pouvoir ponti-
fical !

Je ne considérais point qui perdait ou ga-
gnait la cause ; je la résolvais suivant le droit
absolu , jusqu'à ce que le Conseil des Rois
l'eût approfondie et jugée. Si je faisais provisoirement jouir le Monde , de la liberté des
mers , au préjudice passager de l'ambition qui
l'absorbe, je prémunissais les trois Continens,
contre les dangers d'une autre ambition absolue , démesurée.

Le choix du Saint-Père , était personnel à
Pie VII qui a la confiance de l'univers , et
ne s'attachait nullement à la thiare. Je le

liais de manière qu'il ne pouvait en abuser. A sa fin, la terre entière pouvait le remplacer dans une si haute mission. Il eût certainement exhalé l'Esprit-Saint, l'Esprit de Jésus-Christ. Eh ! qui ne voudrait avoir pour roi, pour suprême régulateur, un Jésus-Christ ?

Depuis l'excommunication, nos armes étaient malheureuses. Je déterminais une réparation, une réconciliation sublimes ; l'effet m'était généralement avéré, sans que je connusse les causes certaines. Je vois aujourd'hui que ce n'était pas la spoliation du temporel, mais la main sacrilège portée à l'autel, qui avait attiré la fulmination. Peuples vous en subissiez l'expiation méritée par votre impiété. De quel poids je me soulageais, je vous en voyais délivrés !

Enfin, toutes les inspirations philantropiques, antérieures à celles que je vais développer, n'envisagent que l'Europe.

La mienne prématurée, malheureusement, embrasse la terre. *Nihil humani à me alienum puto.* Je ne jouis pas assez, si l'esclave d'Afrique, si le Sauvage d'Amérique, si mon ennemi souffrent.

Les premiers élans qui amènent la civilisa-

tion , sont des fougues d'audace guerrière.
Lorsque l'Europe se sera assuré un établissement pacificateur , qui vous répond qu'aucun des autres Continens, ne vienne le troubler ? Leurs peuples sont-ils tant à dédaigner ?
Au reste , je n'ai pas les lumières de ces
grands écrivains ; ma seule philantropie m'a
inspiré.

Mais par hasard , mon projet adressé à son
Excellence , n'aurait-il pas un peu contribué
à l'inspiration ultérieure du Général? Il est
aussi sous les yeux d'une grande Majesté ,
long-temps avant le Congrès. Quoi qu'il en
soit, les petits ruisseaux ne nuisent point
aux fleuves. Laissons ceux-ci circuler jusqu'au
Gouvernement et au Congrès ; puis, Dieu
pour tout.

L'on n'attribuera aucune mauvaise inten-
tion, au préambule de mon plan. Je pensais,
je parlais en sujet soumis et présumant, comme je le devais, des vues du Gouvernement.
Je l'ai rédigé à Francfort-sur-le-Mein , les
premiers jours d'avril , où l'on ne voyait encore aucun secours venir de France , si ce
n'est 20,000 hommes de la marine.

Depuis les malheurs de la campagne de
Russie , tous nos officiers même distingués ,

à Berlin , ne nous entretenaient que de leur désespoir. A les entendre , nous n'avions plus ni artillerie ni cavalerie en France , pas même d'autres troupes ; celles d'Italie , commandées par le général Grenier , étaient notre dernière ressource.

C'est cette supposition qui m'a inspiré , pendant la trève de Dresde , le plan de paix qui suit :

PLAN DE PAIX.

Si la révolution eût lancé le décret suivant, il eût été accueilli avec transport. On ose le proposer à une autorité qui , je le prédis , verra le globe se prosterner à ses pieds , si elle daigne adopter le fond de cette pensée. La liberté du commerce , l'abondance qui en naîtra, la religion , la proposition de la paix et une force supérieure qui menace en cas de refus , il y a de quoi électriser toutes les têtes, nous ramener tous les esprits et faire tomber les armes, des mains ennemies.

DÉCRET.

La France est la maison paternelle ; tous les Français sont armés pour la défendre.

Dans vingt-quatre heures, chaque maire donnera au sous-préfet, l'état des hommes les plus forts, les plus robustes, les plus aguerris, les plus écuyers des citoyens compris dans la levée de vingt à soixante ans; il fournira le dénombrement des chevaux de poste et autres de selle et de voiture, existans sur le territoire de sa commune. Quarante-huit heures après, le sous-préfet en adressera l'état général au Préfet qui, dans les quatre jours, en fera parvenir le tableau, au Gouvernement.

Il est mis à sa disposition, 200,000 hommes de cette élite, pour l'infanterie, 150,000 pour la cavalerie ; les deux meilleurs chevaux de selle de chaque poste, le meilleur cheval de selle de chaque bureau de diligence, les deux meilleurs chevaux de selle de chaque commune, tous payés.

Cette cavalerie formera les escadrons surnommés *formidables ;* la gendarmerie y sera réunie et fondue ; elle en sera le mobile, le guide et le modèle.

L'infanterie formera les bataillons *invincibles.*

Les préfets suppléeront la gendarmerie, par des gardes nationales à cheval. Ils demeurent responsables des désordres dans leur département ; et les maires répondent pour leur commune.

Les sujets de la conscription , à quelqu'arme qu'ils appartiennent, porteront le nom *d'é-lèves de la patrie.*

Les sujets des divers bans , forment les bataillons *généreux.*

Il n'est rien innové aux dispositions concernant la quotité des contingens qu'ils doivent fournir.

La garde impériale qui renferme l'élite de toutes les autres armes , conserve son titre.

Les hommes appelés à former les bataillons *invincibles* et les escadrons *formidables,* non compris dans la conscription , auront, au dernier grade, celui de caporal ou brigadier , et la paie selon leur arme ; les grades ultérieurs seront proportionnés.

A l'instant de la paix avec l'Angleterre et la Russie , ils ont , par la présente loi, la liberté de se retirer dans leurs foyers, sans nouvel ordre. Ce service momentané leur assure à chacun, une médaille ayant pour légende : *La Patrie reconnaissante ,* avec 5o francs de pension par chaque sémestre qu'aura duré la guerre , et dont ils jouiront

depuis la paix, transmissibles à leurs descendans, ainsi que le droit de porter la médaille à perpétuité. Ils participeront, en
outre, aux avancemens, aux droits, à la croix-
d'honneur et à toutes autres prérogatives de
la profession militaire.

- Un réglement établira les cas de mauvaise
conduite, qui emporteront la déchéance de
l'indemnité.

D'autres avantages seront disposés en fa-
veur de leurs veuves et de leurs orphelins.

La nation a suffisamment de bras pour
remplacer, dans leurs diverses professions,
ceux qui feront partie de cette force.

Il sera incessamment procédé à un réglement
généreux qui améliorera et élevera la condition militaire, d'après des principes on ne
peut plus avantageux aux autres ordres de
l'État.

Les *Formidables* et les *Invincibles* marche-
ront à la tête des armées.

La garde impériale conservera néanmoins
le premier rang, mais ne donnera que lorsque
Sa Majesté jugera les mouvemens de sa Maison, indispensables.

Les forces actuellement sous les armes,
formeront la seconde ligne.

Les conscrits de nouvelle levée , composeront la troisième ligne.

Les produits des bans en activité, formeront la quatrième.

Une célérité sans borne , sera apportée à l'établissement des approvisionnemens de toutes espèces , pour trois années.

En présence de cette force , au comble de ces moyens , nous supplions Dieu d'interposer sa miséricorde pour rétablir la justice et la paix sur la terre.

Il est proposé à l'Angleterre et à la Russie, de réunir , à Kœnigstein, à l'abri de toute influence , chacune , un de leurs sujets, au Pape (1) assisté d'un sujet français , au choix de Sa Majesté.

____

(1) Je ne connaissais pas toute l'étendue des abus commis envers Sa Sainteté.

J'avais seulement ouï parler de déplacement , d'une part, et d'excommunication , de l'autre.

Je présumais le déplacement l'effet de l'erreur ; et j'étais persuadé que si nous recouvrions les bénédictions de l'Eglise, Dieu détournerait de nous , ses châtimens.

J'étais persuadé que Sa Sainteté remplirait cette mission, comme J. C. l'eût fait lui-même. Quel eût été le résultat des méditations de sept génies religieusement inspirés ! Quelle grandeur pour notre nation , quelle paix pour le monde !

Ces sages réunis appelleront, savoir : Le Pape et le sujet français, un tiers, à leur choix, pris en France, et les deux sujets russe et anglican, un tiers à leur choix.

Ces six grands personnages réunis en appelleront un septième, à leur choix, par la voie du scrutin, à la majorité des voix. S'il y a partage, le sort décidera du choix entre les deux candidats.

Seulement, dans ces trois cas, le choix ne pourra s'établir sur aucun souverain.

Ces sept sages devenus égaux par leur mission magnanime, désigneront parmi eux, un chef qui les présidera et réglera entr'eux, l'ordre et les opérations.

Ils formeront LE CONSEIL SUPRÊME des rois.

Les trois puissances inviteront toutes les autres de l'Europe, d'abord, à accéder à ce pacte, sous les conditions, mais aussi, en cas de refus, sous les peines ci-après.

Les puissances belligérantes, en leurs hautes qualités actuelles, soumettront à ce conseil suprême, toutes leurs prétentions et leurs griefs.

Celles même non-belligérantes, mais agrégées au pacte, qui auraient, sur les premières, des prétentions quelconques, devront les soumettre également à ce conseil ; sinon elles en seront à jamais déchues, sous les mêmes peines.

La France, l'Angleterre et la Russie désigneront un roi pour la Pologne. Si leur choix n'est pas unanime, le CONSEIL DES ROIS le désignera entre ceux qui l'auront été par ces trois Puissances.

Ce conseil ne pourra détrôner aucune des puissances régnantes.

Il réglera, entre les hautes parties contendantes, tous leurs intérêts accessoires respectifs, particulièrement en vue de la liberté des terres et des mers, d'après les principes de la justice éternelle.

Cette liberté rendant les possessions coloniales moins nécessaires aux états de l'Europe, toutes les autres puissances des quatre parties du monde, seront invitées à entrer dans ce pacte immuable. Celles qui l'accepteront, seront, chez elles, souveraines, absolument indépendantes, soit à titre de colonies, soit à tous autres, de toutes autres puissances.

Celles qui, ayant jusqu'ici formé colonies, ne se seront pas soumises à ce pacte, seront réparties entre les puissances de l'Europe, en indemnité des divers sacrifices que chacune d'elles aura été obligée de faire à l'établissement du pacte, d'après ses possessions actuelles.

Le Conseil des Rois établira un droit des gens qui formera loi sacrée, et obligera tous les états comparans.

Chacun aura le droit de publier des observations sur cette loi. Le Conseil suprême des Rois s'assemblera tous les sept ans, reverra ce Code, le modifiera, le perfectionnera d'après l'expérience.

Si une nation qui n'aura pas accédé à l'invitation de participer au pacte, élève des prétentions contradictoires, le conseil des rois jugera. S'il les déclare injustes, toutes celles qu'il aura réglées, seront obligées de repousser la prétention ou l'agression, par leurs forces concertées.

Celle des nations agrégées au Conseil des Rois, qui en transgressera les lois, sera déclarée injuste, parjure ; elle encourra la peine de l'anathème et l'excommunication, dans la religion qu'elle professera. Toutes les nations agrégées seront obligées de courir sus.

Le Conseil formé , le président prêtera le serment suivant : « Je jure sur l'Evangile , » devant Dieu et l'univers , de juger les » hauts differens que les pieux souverains » m'ont déférés ; je jure de les juger dans » mon ame et conscience , suivant les règles » de la justice éternelle , et l'intérêt général » de l'humanité , sans aucune considération » particulière , et dans les formes qui nous » sont imposées par notre institution , à » peine d'anathême , de sacrilège , d'oppro- » bre et de damnation éternelle. »

Ce serment sera reçu , et il en sera donné acte par le plus ancien des autres con- seillers.

Chacun d'eux répètera le même serment entre les mains du président qui lui en don- nera acte.

Les délibérations seront manifestées par toutes les voies de la publicité.

Les conseillers seront décorés de tous les ordres des nations agrégées.

Le réglement devra être terminé au plus tard dans un an. Plus tôt il le sera, et plus les conseillers seront comblés des bénédictions de l'humanité.

Dès l'heure où les trois puissances aur o n

échangé les signatures des présentes , il y aura trève absolue , pour un an , entr'elles et toutes les puissances agrégées. Chacune conservera ses positions. Le commerce sera libre entre toutes les nations , sauf les droits de douanes , qui , dans les ports de toutes les nations agrégées , seront égaux et sans aucune marque de prééminence.

Chaque empire est ouvert aux sujets de tous les autres , munis de passeports de leurs souverains.

Des prières solennelles , ferventes y sont ordonnées , et pour y disposer les chrétiens , un jubilé général est accordé et réglé par Sa Sainteté ; tous les chrétiens sont invités à la pénitence.

Aussitôt que le pacte des intérêts entre les souverains, aura été réglé par leur Conseil Suprême , la paix sera irrévocable entre les puissances agrégées , et sera célébrée avec la solennité digne d'un si éminent bienfait.

Le pacte sera publié dans toutes les langues.

Les bases du droit des gens, établies , les prélats , membres du conseil , formeront le centre d'un concile auquel ils appelleront,etc. (Cette dernière partie du projet, est renfermée dans les lettres ci-après.)

Des hommes inquiets me demanderont peut-être : Vous ne pensiez donc point au retour légitime ?

Je vais répondre, aux premiers, en homme digne du second.

Ce n'est pas dans le passé, que je trouverai les élémens du mieux que je cherche, c'est dans l'avenir. Il m'appartiendrait bien de me prononcer sur une disposition dont plus d'un trône et plus d'une académie pourraient rougir ! Qu'importe si leur erreur a gagné ou non un atôme de plus ou de moins ? Dans le passé, dans le présent, je vois des leçons, des châtimens, et sur-tout des miracles qui ont signalé le doigt de la Providence. Est-ce à moi d'élever la voix? Le moindre des hommes peut avoir conçu un principe fécond de salut et de prospérité pour les siécles réparateurs. Sur le passé et le présent, je ne me permettrai qu'un mot :

Osiez-vous vous prétendre républicains, bourreaux d'un roi, tyrans du peuple, esclaves de toutes les dissolutions, qui avez fait pourrir dans le sang, quelques semences pures du républicanisme dont vous avez foulé aux pieds le seul principe : Jésus-Christ? Archibrutes, archi-niais, dupes de tous les pièges du despotisme votre guide depuis, d'excès en excès, de précipices en précipices, qui avez fait de la liberté, une prostituée, une furie, une hyène ; incapables de concilier d'aussi grands intérêts, quelques degrés de perfection sociale, avec l'inviolabilité des membres de la société, avec la vénération et l'asyle de paix dus au meilleur des princes ! Aveugles, vous vous êtes rendus justice à vous-mêmes. Indignes de lui ! sa honteuse, son impie destruction ont été votre ruine et votre châtiment ! Juifs, barbares ! vous avez sacrifié la grandeur, l'innocence, la bonté : elles étaient votre ignominie.

Je ne fais point ici ma cour ; je ne l'adresse qu'à la justice. Je lui rends grâce, à travers ces lacs de sang, de m'avoir préservé de la plus légère tache. J'oserai le prononcer : je voudrais avoir eu une ombre de votre ascendant, vous n'auriez cessé d'être hommes, et trois millions d'hommes que vos crimes nous coûtent, pourraient encore, avec nous, jouir de la liberté, c'est-à-dire, bénir le Seigneur. Voilà le grand mot lâché, insensés ! Voilà toute la liberté de l'homme : Bénir le Seigneur !

Le génie, la gloire des maîtres du monde,

consistent à imiter le gouvernement du Ciel ne pas contraindre l'homme au bien, mais le lui prescrire ; lui laisser le mérite de le pratiquer librement, et lui être une seconde grâce qui l'y rappelle, l'y attire sans cesse, par les généreux stratagêmes d'une bonté souveraine, sans bornes.

La liberté est la faculté de jouir par le bon usage ; nous en avons fait le titre des abus. Bien user est remplir notre vocation sur la terre. Le soleil l'éclaire par sa lumière ; l'homme l'illustre par ses vertus. La vertu est le choix libre du bien. Par elle, l'homme bénit le Seigneur ; il le bénit libre. Tous les autres êtres le bénissent par instinct, par force ; lui, le bénit par choix.

C'est là le titre de sa supériorité. Supériorité pénible, coûteuse, conséquemment glorieuse. Le libertinage que la dépravation confond avec la liberté, est la faculté de se livrer à l'insubordination, au désordre. Les passions, les sens y entraînent l'homme dès-lors leur esclave, loin d'être libre.

L'ame, non la chair, constitue l'homme. Si la chair règne, l'homme, son ame sont esclaves. L'ame règne ? la chair, ses organes, sont, comme ils doivent l'être, réglés, subordonnés ; l'ame , l'homme sont dans l'ordre ; ils sont vainqueurs , ils sont glorieux , ils sont libres.

Gouverner l'homme, dans cette direction, c'est le guider dans la voie de la liberté ! Vous voyez les souverains , particulièrement celui que la providence nous a donné , vous les voyez se rapprocher insensiblement de ce but. Je vous laisse à juger, d'après cela, de mes dispositions personnelles.

Mais il ne s'agit pas de curiosité sur le passé , il faut ranimer le zèle pour l'avenir.

Ma maxime constante est que la société n'a pas le droit d'innover, pour sa perfection, au prix de lavie d'un seul homme.

Puis, je suis plus convaincu que jamais, que ce ne sont pas les institutions qu'il importe de changer, mais les hommes. Pas une ne prospérera entre les mains des impies. L'impiété est la mauvaise foi qui fait de l'ordre , ce qu'elle fait de Dieu ; elle l'anéantit en tout ce qui heurte les passions sa divinité adoptive. Changez les hommes, et leurs institutions atteindront leur but , produiront naturellement tout le bien qu'elles promettent.

Aussi, mes vœux sur la paix, alors déçus, *vox in deserto*, je m'écriais à nos malheureux soldats :

Dieu ! je n'en doute plus, l'homme est ton noble ouvrage,
Empreinte sur son front, j'admire ton image !

Guerriers qui constamment donnez à la patrie,
L'exemple des vertus dont votre ame est nourrie,
Dociles à sa voix, vous vous sacrifiez;
De lui vouer vos jours, vous vous glorifiez.
Vous avez sur son cœur, une entière influence ;
Vous pouvez faire un ciel ou l'enfer, de la France.
Brûlant de partager l'honneur de vos exploits,
L'enfance y veut briguer les périlleux emplois.
L'âge mûr y rougit, s'il n'a de vos conquêtes,
Que le droit peu coûteux d'en célébrer les fêtes.
La beauté vous attend pour unir sur vos fronts,
Le myrthe à vos lauriers purs des moindres affronts.
Tous, contre l'ennemi, respirent votre flamme.
Achevez, achevez de répandre votre ame,
Ramenés par la paix, dans nos tranquilles rangs,
Tout fiers de vos lauriers, par vos vertus, plus grands.
Que cette ame livrée à la même espérance
Qui gouverne LOUIS le salut de la France,
Nous excite à régler sur ce touchant espoir,
Envers Dieu, pour sa loi, notre pieux devoir.
En vain, l'affreux mensonge à vos cœurs, dresse un piège,
Feint de fouler aux pieds, notre foi qu'il assiège.
Cris pervers démentis par celui de la voix
Que sur de nobles seins, élève cette croix
Chef-d'œuvre d'un héros, pour vous rendre présente,
D'un Dieu sacrifié, la leçon importante.
Crucifié sans cesse, il ne manque au guerrier,
Qu'un seul acte de foi, pour le sanctifier.
Et ce ne sont pas là d'imaginaires fables
Pour rendre à mes écrits, les lecteurs plus affables.

De la nature entière, ici, je suis l'écho ;
Oui, l'écho des accens des cieux, des champs, des flots.
La même vérité jaillit de tout notre être ;
L'homme reconnaît Dieu, s'il sait bien se connaître.
On le voit, le connaît, même sans le nommer ;
Il est le bien suprême ; exister, c'est l'aimer.
Eh ! je vais hasarder une pensée hardie :
Jusques au méchant l'aime, et l'insensé le nie !
Les graces, la beauté, l'ordre enchantent ses yeux ;
Il pense détester leur auteur, dans les cieux !
Pervers, il ne sent pas que dans sa faible vue,
La passion enfonce un serpent qui la tue.
Changez-le en un phénix exempt de tout défaut ;
Univers, montre-lui les témoins du Très-Haut ;
S'il tarde à s'y soumettre, à lui vouer son ame,
Condamnez-nous tous deux à l'éternelle flamme.
Non, ce n'est pas l'esprit, c'est le vice du cœur,
Qui chez l'homme, ne voit ni Dieu, ni Créateur.

Cela ne suffit pas ; voilà pour le déisme.
La vérité dit plus au pur christianisme :
Dieu même y vient s'offrir pour modèle, aux humains ;
Leur montre vers le ciel, la Croix, pour tous chemins.
La foi, dans notre sein, n'a pas encor de trace ?
Les sens aspirent l'air ; ... cœurs, aspirez la grâce !

Mais tu chantais la guerre, à quoi bon la piété ?
Unir à l'eau, le feu ! me dit l'iniquité.
Elle feint d'oublier que Jésus, sur la terre,
Est venu nous donner la paix, mais par la guerre ;
Que les mêmes combats livrés au fond des cœurs,
Des penchans vicieux, pour les rendre vainqueurs,
Chez les peuples, entr'eux, sont par fois nécessaires
Contre leurs passions injustes, téméraires.
La guerre, il est donc vrai, de nos divines loix,
Ne doit pas étouffer l'inaltérable voix.

Je rencontre un bon roi plein de Dieu, dans ma course;
Le TORRENT qui me plaît, m'entraîne vers sa source.
UN CHEF-D'OEUVRE des mains du divin Créateur,
M'arrête, à juste titre, aux pieds de son auteur.
Que l'athéime en parle, à son gré, m'interprète;
Mon ame est, dès long-temps, aux traits des méchans, faite.
Reprochez-moi les torts dont m'imposent la loi,
Non saint Jean, ni saint Paul; de plus dignes de foi
Et non suspects pour vous: Rousseau, Virgile, Horace;
De penser d'après eux, ai-je mauvaise grace?
Mais mes autorités, ce sont votre intérêt,
L'ardeur pour votre bien; de vos maux, le regret.
Je connois le bonheur et son unique voie:
Pour y mettre le comble, en Dieu, que l'homme croie.

France! c'est avec toi, que je partage au ciel,
Les protecteurs d'un règne, en nos cœurs, éternel (1).
Tes ennemis, les miens, leurs efforts pour nous nuire,
Confirment de ce Dieu, la gloire que j'admire.
Leurs sacrilèges traits, aux pieds de Jésus-Christ,
Fixent tous nos héros dont chacun est écrit,
Si du succès pour eux, ta prière est suivie,
Au nombre des martyrs, sur le livre de vie.

O paix! si tu réponds aux augustes pensées
D'un sage, d'un monarque, à nous plaire, empressées,
Je vois dans tes loisirs, nos champs semés de fleurs,
Arrosés par le ciel, cultivés par les mœurs;
Un air pur et serein succéder à l'orage;
Le soleil rafraîchi, l'horizon sans nuage,
Nos paccages peuplés de troupeaux, de bergers;
Les arbres écrasés de fruits, dans nos vergers;
Des écoliers en foule, emplissant nos collèges,
Au mont Parnasse seul, multipliant les siéges,

____

(1) Celui de Jésus-Christ.

Formés à retracer, surpasser, au barreau,
Aux temples, dans les camps, Bayard et d'Aguesseau ;
Les comptoirs fourmillant de chalans, de pratiques ;
La loyauté, la foule à toutes les boutiques ;
Nos foires, nos marchés, de richesses, brillans,
Épuisant acheteurs, magasins et marchands ;
Presque plus de procès, mais beaucoup d'éloquence ,
Plus de chicane, plus que droiture et science ;
La justice si juste, aux Cours, aux Tribunaux,
Que l'article *aux appels* est rayé des journaux.
La piété la plus tendre attache les familles ;
Les garçons ne sont plus des dangers pour les filles :
Des amours tout chrétiens font que les jeunes cœurs,
Du choix de leurs parens, attendent leurs vainqueurs.
Quel prix de leurs vertus ! Édifians ménages !
Il ne naît que des saints, de ces saints mariages.
Les premiers rangs ne sont plus l'effroi des derniers ;
Les derniers ne sont plus le mépris des premiers.
Aux jours d'œuvre, à la ville, on voit tous les villages ;
Aux fêtes, la ville est toute dans les bocages.
La mode, belle à qui la guerre avait fait peur ,
Reprend, loin des combats, ses attraits, sa vigueur ;
La grace qu'elle inspire, unit dans la parure,
L'art, les trésors du goût, à ceux de la nature ;
Étoffes, leur couleur, leurs ondes et leurs plis ,
Relèvent sous ses doigts, les roses et les lis.

Muses, l'on vous revoit brillantes, souveraines,
D'un glorieux empire, embellissant les rênes ;
Diviniser les sons, élever à nos yeux ,
Comme à ceux de l'esprit, vos charmes, jusqu'aux cieux.
Chez les payens jadis, par la Fable égarées,
A nos héros chrétiens, aujourd'hui consacrées,
La vérité reçoit vos vœux et votre encens,
Sur ses autels dressés par vos arts renaissans.

Jupiter éclipsé , du Dieu qui nous conserve ,
Mnémosine redit les grandeurs qu'elle observe.
Trop faible pour suffire aux récits des cent voix
Dont, pour les célébrer, notre amour a fait choix ,
Vous suppléez : Clio se charge de l'histoire ;
Elle ennoblit son style , au degré de leur gloire ,
Pour transmettre fidèle, à l'avide avenir,
De deux siècles fameux , l'éclatant souvenir.

De héroïques faits, l'illustre Melpomène
Dont six lustres , pour mille, ont meublé le domaine ,
Dispense les triomphes, et répand les revers ,
D'après les hauts desseins qui règlant l'univers ,
Vers la seule vertu , dirigent notre estime.

Un noble enthousiasme également anime
Thalie , et sous son masque , à nos goûts, à nos mœurs ,
Applique le scalpel qui corrige sans pleurs.

Dans nos chaires, nos camps , et dans l'académie
Où son sceptre triomphe et règne , Polymnie
Glace d'or et d'azur, aspire et réfléchit
Nos armures , nos cœurs, les feux qu'elle enrichit.

Uranie, à jamais , à la terre paisible ,
Des merveilles des cieux , laisse l'orbe accessible.
De Philomèle, Euterpe exhale les accens ,
Sur des objets divins faits pour ravir nos sens :
Elle chante Eurydice , idole, amour d'Orphée,
Les bienfaits d'Aréthuse et la grandeur d'Alphée.
Dérobée à l'Olympe , une céleste voix
Se marie aux soupirs de la fille des rois,
Dans les bras de l'hymen , respirant la clémence ;
Admirons-la penser au bonheur de la France.

Calliope, ô moment goûté par l'univers !
A ses sublimes chants , quels objets sont ouverts !

Fait, au nord, au midi, sonner par sa trompette :
Des célestes présens la terre est satisfaite.
Terpsichore, Eurato confondent leurs accords,
A ceux de leurs sept Sœurs, unissent leurs efforts ;
Roses, myrtes, l'éclat des bouquets, des guirlandes,
Jonchés sur nos chemins, décorent les offrandes
Des époux, des amans, dessinant des ballets,
Dont la gloire et l'amour inspirent les sujets.
Nos hymnes, nos concerts, dans les airs, retentissent ;
Les eaux, les cieux, la terre, à nos champs, applaudissent.
Le bonheur le fléau des révolutions,
En un seul peuple, unit toutes les nations.
Trop étroits désormais pour nos fêtes civiques,
Nos temples triomphans étendent leurs portiques,
Ne désemplissent point de cœurs religieux
Qui forment aux autels, leurs vœux ardens, pieux,
Pour que de notre Dieu, l'autorité suprême,
Orgueil de notre empire et de son diadème,
De son vicaire Saint LOUIS Roi des Français,
Daigne rendre éternel le bonheur et la paix.
Ce vœu renferme seul tous ceux de la patrie
Qui chérit un bon Prince et dont elle est chérie.

Extrait de mon Vœu d'un Français, *après* l'invasion.

Le coup qui nous atteint, aujourd'hui, dans l'espace,
Est, en secret, peut-être, une ineffable grace
Qui nous vaut, à chacun, au séjour éternel,
Un bien, plus précieux que l'Orbe temporel.
Quels que soient ses desseins, ses ordres immuables,
Il nous en fait subir les lois incontestables.
Les frimats de Moscou, glacés devant ses feux,
Sont le plus éclatant des miracles nombreux
Qui nous ont avertis, de par la Providence,
Et du sort de l'empire et du sort de la France.
Vandamme, Leïpsik, Berlin, le Rhin, Paris
Montrent de l'Éternel, le pouvoir et le prix.

À ses décrets puissans, il faut donc nous soumettre,
Et sur ses vrais motifs, à lui, nous en remettre.
Il laisse à notre gloire, encor le plus beau champ :
L'Empire sur les cœurs, empire si touchant !
Leur plaire, don natal que nul ne vous recuse,
Francais, de quels travers que l'humeur vous accuse.
Voulez-vous le garder irrévocablement,
Par lui, régner toujours et souverainement ;
Dominer sur l'Europe et sur toute la terre,
Non plus par la terreur et l'éclat de la guerre,
Mais par un ascendant plus grand, plus glorieux,
Le même que sur nous, se réservent les cieux ?
Qu'en tout, pour la justice, on cite votre zèle.
De la grandeur des Saints, montrez-vous le modèle,
Que le concours du monde, à ce céleste attrait,
Soit pour le surpasser, dans vos cœurs, un décret.
Devenez un soleil dont la vive lumière
Embrâse, des humains, la race tout entière.

Que les peuples unis, sous de paisibles nœux,
Fidèles à leurs lois, brûlent tous de vos feux.
Au vrai Dieu, qu'un seul culte ardent et tutélaire,
Fasse enfin triompher l'évangélique chaire.
Qu'un tribunal des Rois, règle leurs différends,
Maintienne, sans soldats, leurs lois, leurs droits, leurs rangs.

Préside à l'union, aux mœurs de la famille,
Main par qui le bonheur, dans chaque cité, brille ;
Assure à l'indigence, un suffisant secours,
Contre chaque désordre, un solide recours ;
Au moindre des bienfaits, son prix, sa récompense,
Des encouragemens aux arts, à la science.
Qu'un concours héroïque anime, entr'eux, les Rois,
Vers le grand, vers le beau, les élève à-la-fois.

Tes constans attributs, ô France, ma Patrie,
Peuvent te faire aimer jusqu'à l'idolâtrie,
S'ils prennent leur essor, vers ce sublime but.

Lorsque Paris a eu aboli l'empire, j'ai fait les propositions qui suivent :

ADRESSE

A LEURS EXCELLENCES

MM. DE LA RÉGENCE PROVISOIRE
DE FRANCE.

————————

Messieurs,

Le premier avril mil huit cent treize, j'avais osé m'occuper d'un plan pour le bonheur du monde ; j'eusse desiré, sans doute , qu'il en eût dû l'exécution à notre malheureux monarque. Je supprime ici mes inspirations relatives à l'augmentation de nos forces , si favorable au succès. Je crois le moment très-propre à le faire réussir sous les autres rapports, sur la proposition de la Régence, à la sagesse de laquelle, il vient d'être rendu un si éclatant et si légitime hommage.

Si mes vues paraissent chimériques à votre

expérience , Messieurs , daignez les réduire
à l'application de ce principe : *miseros autèm
populos facit peccatum*. Quel moyen de le
déraciner ? Il n'y a pas à balancer : mettre
Jésus-Christ, la Croix, sur le trône , et que
le souverain n'en soit que l'organe ; d'autres
bases soutiendraient encore trop peu de
temps, l'édifice.

Jamais ascendant sur les hommes , n'a éga-
lé celui de Napoléon ; il pouvait faire de
nous , des saints. L'instant vous seconde ad-
mirablement , Messieurs ; la conquête des
ames immortalise les vainqueurs ; par le
bonheur des vaincus. Vous êtes assurés , si
vous appliquez cet axiôme , de voir l'univers
tomber de reconnaissance à vos pieds , vous
comblant de bénédictions , et la France de-
venir pour son Souverain vrai chrétien ,
une cour céleste. Provoquez le génie à se pé-
nétrer de l'esprit de *charité*, et à le répandre
en chaire et par des écrits. Que la vérité s'arme dans les arsenaux inépuisables de la morale évangélique , et perce tous les cœurs de
ses traits ; qu'elle rende la lumière aux aveugles et l'ouie aux sourds. Les peuples sont
gangrenés ; ils implorent , non par leur volonté, mais par leur déplorable état, ils

implorent la plus grande pitié. Qu'ils soient, tout-à-la-fois, frappés de l'épouvante de leur situation, de la grandeur et de l'infaillibilité du remède. Que des *génies angéliques* traitent le *sixième commandement*, y attachent, y captivent l'ame, découvrent à l'esprit et au cœur, tous les moyens de la grâce , pour y rendre la fidélité facile. Ce qu'il proscrit, voilà la source empoisonnée ; le joug doux de la Croix, peut seul la tarir. Des ouvriers à la vigne, non provoqués par l'appât du bien-être temporel , mais embrâsés de l'ardeur de la faire fructifier. Livrez celui des prêtres, à la piété de leurs paroissiens. Le prêtre qui leur offrira les alimens spirituels les plus substantiels, aura toujours le superflu , loin de manquer du nécessaire. Qu'il ne puisse recevoir que d'une main administrative publique et non d'aucune particulière ; jaloux de pouvoir soulager les pauvres, ses succès produiront assez pour eux et pour lui. J'ai vu de près toutes les classes , je garantis ce que j'avance : le soupçon de cupidité, est le plus grand obstacle aux travaux de la foi.

Ah , Messieurs, une banque à immense fortune pour le gouvernement ! Munir tout ce qui sait lire, d'une Imitation de J. C. et d'un Nouveau Testament gratuit pour les pauvres, latins pour ceux qui savent cette langue, français pour tous les autres. Un prix par centurie, à celui ou celle qui récitera plus tôt et le mieux, toute l'Imitation de J.-C., les évangiles de Saint Jean et de Saint Mathieu. Qu'aucun écolier ne soit reçu en philosophie, qu'aucun philosophe ne soit admis à la profession à laquelle il se destine, s'il ne possède profondément ces trois ouvrages.

Que les séminaristes soient exercés à prêcher en pères ardens pour le salut de leur famille, et non en vains académiciens. Que cette maxime soit tellement consacrée, que dans quatre ans, les sermons écrits soient montrés au doigt ; la sainteté donne seule, cette éloquence. Quel concours, dès-lors, entre ces deux dons de Dieu, pour s'élever avec l'humanité, au plus haut degré !

Cependant vous pouvez, j'ose en assurer V. E., MM., étendre encore plus loin vos bienfaits : un concile œcuménique ; le mariage des prêtres ; l'admission à l'Église R maine, de tous les pasteurs chrétiens hérétiques qui desireront s'y soumettre, en conservant leur famille. Un parallèle court et

substantiel, des principes des diverses Églises
et de leurs fruits, depuis leur établissement.
Appel de tous les talens et de toutes les vertus ecclésiastiques, à une retraite d'une année, pour les préparer à *une mission géné-*
rale ; la liberté des congrégations religieuses
des deux sexes, avec faculté d'acquérir; les
vœux perpétuels prohibés, à peine de déso-
béissance aux lois.

La noblesse, toutes les distinctions assu-
réés, en premier ordre, à la vertu chrétienne.
Une adresse à la nation, pour qu'à la grandeur territoriale et de puissance, elle substi-
tue la grandeur d'ame, et devienne, sous ce
sublime rapport, la première nation de la
terre ; une adresse à tous les peuples, pour
leur inspirer vers le même but, une émulation qui provoque sans cesse la nôtre ; que
toute la politique tourne de ce côté ses efforts ; et V. E. verront s'il reste long-temps
le moindre schisme. Que l'Europe garantisse
à jamais, aux Souverains payens, leurs états,
s'ils embrassent la vraie religion, et la paix
universelle couronnerait bientôt de si nobles
travaux.

Quel usage sublime, Messieurs, du *grand*
appui de votre philantropie !

J'ai l'honneur d'être, etc.

PROJET

COMMUNIQUÉ A SON EXCELLENCE

MONSIEUR L'ABBÉ DE MONTESQUIOU,

MINISTRE SECRÉTAIRE-D'ÉTAT DU ROYAUME DE FRANCE.

TITRE PREMIER.

Sa Majesté rapporte sincèrement à Dieu, l'œuvre qu'elle vient de couronner, très-vraisemblablement de la part de Dieu. Empressons-nous de la supplier d'en agréer la glorieuse récompense.

Nous combattions pour balancer le pouvoir de l'Angleterre ; nous sommes plus que jamais éloignés de ce but. Notre amour-propre national en sera dédommagé par le rang que nous pouvons occuper encore entre les Nations. Si nous avions gagné le différend, aurions-nous approuvé que les parties, hors de combat, eussent éternisé leurs tentatives pour reprendre la supériorité ? Il faut une fin à tout, et principalement à la guerre. La paix a produit cet heureux terme. Mainte-

3..

nons les choses dans l'état où la Providence les a fixées par ce statut de sa sagesse. Que l'univers ne soit plus qu'une famille dont les membres , petits et grands , plus ou moins favorisés de la nature, répondent également, unanimement , à leur vocation , et atteignent , conservent la félicité sur la terre , en accomplissant, avec le même zèle , leurs devoirs envers Dieu, le prochain et eux-mêmes. Jésus-Christ est notre unique modèle. Sa loi est une : son culte envers Dieu , son père , était un. Amener la terre à ce culte unique , est l'œuvre par excellence , l'unique mobile de la paix et du bonheur universel qu'il est en la puissance de Sa Majesté , de procurer. Les instances des peuples à ses pieds , vers ce but sublime , sont le plus légitime hommage et le plus noble que leur gratitude et leur admiration puissent décerner au rare désintéressement de sa victoire.

Les Souverains payens les plus puissans traitent en ennemi, le Christianisme ; ils redoutent l'ambition temporelle qu'ils lui supposent.

Les Souverains Chrétiens s'attaquent entr'eux, plus réellement pour conserver, que pour acquérir.

Cette source de toutes les guerres, connue, le moyen de la tarir est palpable.

Sa Majesté daigne proposer à toutes les
nations chrétiennes, de se garantir réciproquement et à Jamais, la Possession de leurs
états, tels que la paix vient de les régler (1);

D'offrir, de la Part de l'Europe réunie,
à tous les Souverains chrétiens, payens ou
idolâtres et à chacun d'eux, dans les mêmes
termes, la garantie de leurs états et de leur
souveraineté, aux conditions suivantes :

Les souverains, au nom de leurs peuples,
s'obligeront de consentir et de coopérer à la
formation d'un concile œcuménique.

Son objet sera de déterminer lequel de
tous les cultes religieux existans, est le plus
conforme à la volonté de Dieu.

Ni Souverains, ni sujets des peuples adhérens, ne seront forcés d'Embrasser le Culte
consacré par le Concile ; mais ils seront obligés de le laisser embrasser, exercer, enseigner, prêcher librement, intérieurement et
extérieurement, de lui laisser édifier des
temples et former toutes institutions rela-

---

(1) En 1814.

tives, dans leurs états , toutefois , autorisées par le chef suprême du culte.

Le concile élira dans son sein, six membres qui en désigneront un septième.

Les sept membres formeront un conseil sous le nom de CONSEIL SUPRÊME DES ROIS.

Ce conseil établira un code du droit des gens.

Il réglera les intérêts respectifs et les contestations entre les souverains.

Il reverra tous les sept ans, le code du droit des gens, et le modifiera d'après les observations qu'il aura recueillies ;

Il méditera toutes les propositions qui lui seront adressées relatives à des institutions utiles à la prospérité des citoyens, dans l'état, dans les cités , dans les familles.

Il proposera aux états, les institutions qu'il aura approuvées; chaque état sera libre de se les approprier.

Un mode sera établi pour perpétuer ce conseil.

Ce principe adopté, le culte sera proposé.

La croix d'honneur des Rois, sera instituée, décernée et le surnom de *magnanime* donné et confirmé par le concile et le conseil suprême, au nom de toutes les Nations, à sa Majesté, en rémunération d'un si immense bienfait.

. Une fête annuelle et solennelle , célébrera dans l'univers, le jour qui couronnera les travaux du concile.

Le nom de cette Majesté, est ici désormais superflu.

Ce projet lui a été présenté : si elle l'a lu , ç'a été en pure perte. Cependant la Sainte Alliance , au moins quant au fond , pourrait bien m'être redevable. Laquelle des deux inspirations , sous tous les rapports , recélerait l'or ou l'argile ? Essayez-les sur le bien général ; il est là pierre de touche.

T I T R E I I.

*Supplique à Sa Majesté et aux Chambres ,
de placer l'Evangile et la Croix sur le
trône.*

Violenti rapiunt illud , a dit Saint Paul. Les hommes sont engourdis sur leur premier intérêt : leur vocation éternelle. Il faut une forte commotion qui les arrache à leur sommeil. Un grand spectacle peut seul les émouvoir, les tirer de leur assoupissement , de leur endurcissement. Un levier

nouveau , un ressort puissant doit sapper le
triple airain de leur cœur. La fièvre lente qui
les corrode , exige une grande surprise , une
crise violente ; aux grands maux, les grands
remèdes. La générosité , le génie doivent
tout épuiser pour rendre à la morale si re-
lâchée , quelque énergie , à la religion bannie , quelque espoir de retour.

Digne Roi , nobles Pairs et Députés , j'ose
retracer à vos yeux , ces deux propositions :

» Le CONSEIL SUPRÊME DES ROIS ,
» Cour sublime qui, épargnant le sang, pré-
» viendra tout ce qui peut troubler la paix
» et l'harmonie entre les peuples de la terre.

» L'élévation de notre bon Roi, au-dessus
» de tous les Rois du monde , par sa ma-
» gnanime abnégation au profit de l'Évan-
» gile et de la Croix. »

Sire , daignez m'entendre ! Organes du
peuple , appuis du trône et de nos lois , ne
méprisez pas ma pensée ; élevez-la aux regards du Monarque.

Sur sa consécration et son développement,
mesurez notre gloire et notre bonheur.
Voyez-la enfanter , prolonger la paix de l'u-
nivers !

Voyez un seul trait , un trait héroïque

de notre Roi , dès-lors le meilleur et le plus grand des Rois , donner aux augustes rivaux de sa gloire , le plus beau , le plus ravissant exemple ; remettre en honneur , la loi la plus sainte , la loi seule divine , l'Évangile sacré ; rappeler à eux-mêmes , les idolâtres qui remplissent nos familles , nos cours , jusqu'à nos temples ; faire prosterner ces infidèles , aux pieds de la justice et de la vérité ; donner à comprendre aux peuples , aux armées , aux grands , aux Rois , à tous , et leur faire adorer le signe , le trophée , l'étendart de la foi , de la vertu , de l'abnégation de chacun , au profit de tous ; la source , le rempart de la bonne-foi , de l'innocence , de l'ordre , de la paix ; le gage , le garant de la félicité des nations et des sujets.

Chambres , asyle fort de notre salut et de notre gloire , daignez consacrer ma proposition en principe , et lui gagner le cœur de Sa Majesté.

Sire ! ah ! de grâce , c'est à vos pieds , que j'ose implorer votre indulgence , et la conjurer de porter au plus haut degré, la gloire de Votre Majesté et la nôtre , le bonheur , la prospérité de votre règne et de nos destinées.

Ce n'est point un vain simulacre que je

propose ; ce n'est point la réprobation temporelle, l'ostracisme des infidèles, que je sol-
licite.

La Croix, l'évangile sur le trône , seront
les garans même de l'inviolabilité des Infidèles, sur la terre.

Il n'appartient qu'à Dieu , de les frapper
dès cette vie. La conscience est inaccessible
à l'empire humain. C'est la Croix , c'est l'É-
vangile qui l'ordonnent.

Mais, moins l'autorité a d'empire physique
sous cet aspect , plus le cœur paternel qui
la dirige , doit épuiser l'ascendant moral ,
pour soustraire des victimes , à l'erreur.

Loin, l'objection que l'Évangile et la Croix
occupent le trône , dans le cœur même de
Votre Majesté : nous le savons tous.

La vie religieuse et exemplaire du Monarque , n'a pas encore dessillé tous les yeux,
autour et loin de son trône. Tous les regards
sont attentifs néanmoins , on se lasse de la
perplexité ; la vérité est recherchée, desirée.
Qu'un phénomène agrandisse , achève presque, un si grand ouvrage : la guérison de ceux
qui allaient périr d'impiété , d'incrédu-
lité ; le doux règne , le beau règne de la justice , à la place du vandalisme des passions,

de la tyrannie de l'égoïsme ; l'influence, l'horison célestes sur la terre, au lieu du déchaînement, du triomphe des maxines infernales.

Le couronnement de la loi sainte, sera le garant qu'à jamais elle règnera, et non plus l'arbitraire de l'homme.

Tous les Dissidens tomberont aux genoux du héros qui aura vengé la justice, de la vanité ; qui aura cédé à un si grand amour de l'humanité. Une loi, une Croix, diront-ils, moteurs d'un si beau prodige, sont adorables ! Ils sont réellement le Verbe de Dieu, l'expression de l'être et du bien suprême. Atômes, soumettons-nous à cette loi magnanime qui daigne consacrer pour nous, de vrais *droits*, une liberté et le bonheur.

Ce grand problême sera résolu : lequel des gouvernemens, est le meilleur ? La république ? la monarchie ? Folies humaines, que toutes ces distinctions. Celui où la loi inviolable soumet les sujets et le monarque, voilà le chef-d'œuvre des gouvernemens. Voilà la charte de l'adorable Croix, de la céleste loi, la charte de Jésus-Christ, celle des Français, celle de Louis-le-Desiré.

Mais la puissance commande à nos sens, par des signes extérieurs. Il faut que les yeux rappellent sans cesse à l'esprit et au cœur, la supériorité de celle de la loi ; que cette supériorité ne cesse d'être présente à l'attention du Prince lui-même ; que Sa Majesté, si dignement en possession du présent, étende sur l'avenir le plus reculé et sans bornes, une influence si salutaire. Régnez à jamais, dans vos augustes neveux, puissans par la loi, mais aux pieds de notre Loi.

Qui osera la mépriser, lui résister, quand on verra Votre Majesté prosternée devant cette charte du ciel et de la terre ? Qui osera ne pas la méditer, celle que l'on admirera placée au-dessus de Votre Majesté même ?

Bientôt tous les Français, bientôt tous les trônes, bientôt tous les peuples Chrétiens, libres, agrandis, heureux ! Ce sera votre ouvrage, Prince destiné à tant de grandeur, Prince bien-aimé.

Daignez, Sire, l'exécuter : daignez d'UNE SEULE MARCHE, DESCENDRE DU TRONE, l'exemple le plus puissant, le plus grand exemple des Rois ; exemple qu'il est beau au Fils aîné de l'Église, de donner au chef suprême de cette Eglise, à Sa Sainteté elle-même.

Daignez montrer aux Peuples, leur vrai

maître , l'arbitre et le souverain de notre être , de nos pensées et de notre félicité ; le leur faire chérir et adorer.

Daignez imposer à notre amour pour votre personne sacrée , et à jamais pour votre auguste Maison , daignez imposer à de si justes sentimens , un titre qui sera la gloire de la terre et des cieux , un titre inoui dans les fastes des nations ; un titre qui , à un prodige de bienfaisance et de magnanimité , attachera un prodige de gratitude et d'admiration , un sceau éternel au règne chéri des Bourbons sur la France ; un titre infaillible à notre sagesse , à notre piété ; et pour votre digne peuple et pour son grand Roi , la gloire et la récompense éternelles.

Daignez placer sur ce trône que votre haute sagesse a déja rendu éclatant d'une grandeur nouvelle , daignez-y consacrer à jamais et y faire triompher le modèle auquel Votre Majesté s'est attachée : le Roi des Rois , Jésus-Christ , sa croix et sa loi saintes , sa croix d'or massif , sa loi sur des feuilles d'or , sous une couronne de diamans.

Placez votre auguste Majesté , dès-lors , celle du plus grand , du plus sage des mo-

narques , aux pieds de ce trône , le premier
et le plus glorieux des sujets de Jésus-Christ
aux pieds duquel, cet acte de sagesse suprême,
éternisant votre élévation, ramènera tous ses
sujets et une foule de peuples jusqu'ici éga-
rés , dont les chants immortels feront reten-
tir la terre et les cieux , des accens de leur
gratitude confondue à jamais avec le nom
révéré de Votre Majesté.

Daignez faire consacrer par nos Chambres,
que là, aux pieds du trône occupé à jamais par
la Croix et sa Loi , là, règnera à perpétuité,
l'auguste Maison à laquelle nous devrons cette
institution chrétienne , ravissante , céleste ;
qu'aucun Roi , en France , ne montera sur
le trône glorieux désormais d'être celui de
la Croix et de la Loi qui y seront seules cou-
ronnées.

Notre Roi , nos Princes n'y monteront
jamais , et n'auront jamais été si grands que
depuis qu'ils auront abdiqué le trône et la
couronne , pour les attribuer à la Croix et à
la Loi , et demeurer jusqu'à la fin des siècles,
aux pieds du trône , Votre Majesté, Sire, le
ROI, PREMIER PRINCE ET MANDATAIRE
SUPRÊME DE JESUS-CHRIST , dans l'exécution de sa loi , pour votre royaume , et

toute votre cour immortalisée avec vous ,
en SA HIÉRARCHIE DÉSORMAIS IM-
MUABLE et élevée au plus haut degré, dans
nos cœurs bien plus soumis par leur gratitude , leur admiration et leur amour, que
par la force et le devoir.

Daignez ordonner que la Croix et la Loi
soient éminemment et dignement présentées
aux yeux, non seulement dans les temples ,
mais dans les édifices de justice , d'adminis-
tration et d'enseignement.

Que les regards rencontrent par-tout, cette
puissance adorable , cette sauve-garde des
mœurs , de la vertu et de la liberté ; qu'ils
rappellent les sexes , les rangs , les âges , à
la cultiver , à la chérir , à ne jamais l'affli-
ger, à bénir sans fin , la main généreuse et
royale , qui l'aura affermie et consacrée.

Daignez faire proclamer que l'Evangile
sera notre première loi , notre loi suprême.

Daignez déclarer la première des études :
celle de l'Évangile , de l'Imitation , pour
faire connaître, adorer, pratiquer de plus en
plus ce Code par excellence.

Daignez proposer le CONSEIL SUPRÊME
DES ROIS : la France, sous un règne si grand,
si glorieux , deviendra l'*Eden*. L'univers devra à Votre Majesté , de voir insensiblement
le Ciel habiter la terre.

TITRE III.

Les pensées que je viens de communiquer, ne peuvent être suspectées ; elles datent du Gouvernement aboli ou du Gouvernement provisoire ; elles sont nées aussi subitement que les évènemens qui les ont occasionnées. Elles portent le sceau de l'amour des hommes, de la franchise et de la conviction.

Leurs objets sont de la plus haute importance ; mais il leur manque les moyens de calmer nos besoins les plus pressans : le pain des prêtres et des pauvres ; notre libération absolue envers les alliés et envers tous les créanciers de l'Etat ; du commerce, du travail et une magistrature de mœurs.

Que le vaisseau de l'Etat s'embarque avec ces provisions, la navigation peut braver les orages.

J'ose proposer à Sa Majesté et aux Chambres, d'abord, le plus urgent : mon plan de libération absolue de l'Etat, puis ceux de la contribution paternelle et des maisons de secours.

Je prendrai la liberté de présenter ensuite, un à un, les titres de la magistrature de

mœurs, que j'ai organisée soùs la dénomi-
nation de *Direction paternelle et maternelle.*

Les considérations qui occupent la première partie, seront publiées ultérieurement.
En les attendant, elles seront suppléées par
tous les bons esprits. C'est la substance de
la loi, qu'il importe d'offrir ; si elle est jugée
digne du public, on ne saurait trop tôt l'en
faire jouir.

Puisse ma conviction de son efficacité, pé-
nétrer la suprême puissance !

Mais ma résignation en doit être le premier fruit.

TITRE VII.

*Extrait de la Direction paternelle et ma-
ternelle.*

Contributions paternelles.

236. Dans les huit jours de son établissement et les années suivantes, avant le trente
octobre, chaque Direction paternelle alter-
nativement réunie au conseil d'arrondissement, aux maire et adjoints de la commune
à laquelle elle appartient, forme le budget
des sommes dont elle prévoit le besoin pour
ses administrés, dans l'année qui va suivre.

Elle l'adresse immédiatement à la direction centrale.

237. Celle-ci réunie au conseil général du département, forme le budget des besoins du département, et l'adresse au directeur général qui, avant le trente novembre, forme le budget des besoins paternels du royaume, l'adresse au Monarque et aux Chambres.

238. Le budget pourvoit à tous les besoins de ce service, aux besoins des hospices, aux secours, encouragemens, récompenses à distribuer, de manière à concilier le moyen de ne laisser aucun citoyen dans la disette, avec ceux de prévenir les abus de la paresse et de la lâcheté ; elle pourvoit à tous autres besoins prévus et imprévus.

239. Elle pourvoit aux secours hospitaliers, aux frais du culte, à la subsistance de ses ministres.

240. La contribution destinée à ces emplois, s'appelle *contribution paternelle.*

241. Elle est, pour la première année, d'un pour cent, sur les produits des propriétés, des capitaux, des travaux et de l'industrie. Ces produits sont établis comme au titre 23, article 801 et suivans.

Elle peut être également fixée à 4,000 fr,

par 1,000 habitans , sauf une répartition
équitable. Le choix est laissé aux dépar-
temens.

242. Le casuel du culte , à quelque titre
que ce soit, les déshérences, les œuvres-pies ,
les biens des hospices , les produits (1) des
jeux et des loteries publiques , sont dévolus
à la caisse paternelle.

243. Si les besoins augmentent pendant
l'année , la direction impose , dans le même
mode , un supplément aux administrés.

244. Elles ont deux registres , l'un des re-
cettes , l'autre des dépenses de la direction ,
tenus par le caissier.

245. Les lois sur la tenue des registres de
l'état civil , sont applicables à celles des registres paternels.

TITRE X.

Maisons de Secours.

264. La mendicité est irrévocablement in-
terdite.

265. Les indigens, au nombre de 100 ,
sont réunis dans une maison appelée *pa-*

______

(1) La Direction Paternelle les modifie de manière à
en écarter tous les abus.

ternelle , libre , distincte pour les céli-
bataires des deux sexes , commune aux époux
et leur famille. Le plus raisonnable est leur
chef sous l'autorité de la direction.

266. Un édifice du domaine national, y
est consacré. Le loyer en est payé à l'Etat,
sur la caisse paternelle.

267. Les conditions, les qualités, l'éduca-
tion analogues sont, autant qu'il se peut,
réunis, et autorisent une graduation dans
le régime.

268. Il est assigné à chacun de ces indigens, un fond de 50 fr. par an , sur la caisse
paternelle.

269. On leur impose une règle déterminée
et maintenue par la direction paternelle ou
maternelle , suivant le sexe dont il s'agit.

270. Chacun d'eux a son emploi dans le
dépôt.

271. Ils ont un travail lucratif commun.

272. On les assujettit à un régime alimen-
taire , économique , salubre , qui ne leur
laisse aucun besoin.

273. Le paresseux est réduit au pain , à
l'eau, jusqu'à ce qu'il se corrige.

274. On place dans le dépôt, une garde
nationale qui maintient l'exécution de la
règle.

275. Il y a des châtimens, des récompenses, des mobiles. d'émulation.

276. Chaque pensionnaire a le droit de faire parvenir ses réclamations, à sa direction paternelle. Son syndic, l'aumônier , tous ceux qu'il en prie , sont obligés de la faire parvenir, à peine de révocation.

277. Tous les matins, avant midi, le chef fait à la direction paternelle , le rapport de la situation du dépôt, et de la conduite des sujets. Il y est fait mention de leurs réclamations auxquelles les directeurs sont tenus de faire droit. Ce rapport est fait à la participation de l'aumônier et du syndic qui le signent.

278. On prend dans les magasins des hospices, les ustensiles nécessaires pour leur aménagement.

279. S'il n'y a pas 100 infortunés dans l'arrondissement d'une direction, plusieurs se réunissent pour former ce nombre.

280. On envoie les infirmes aux hospices.

281. Des travaux publics sont constamment en vigueur, en proportion des besoins, et fournis par la direction qui en retire le produit.

282. Les maisons actuelles de dépôt de

mendicité, demeurent consacrées sous le nom de maisons de correction, aux mendians dont les vices à réprimer ne cèdent qu'à la contrainte.

283. Ces maisons conservent leurs préposés.

284. Les Directions paternelles pourvoient également, aux travaux, aux besoins de ces dépôts, avec toute économie, et disposent des fruits du travail.

285. Tout l'objet de ces articles, sort des attributions du Ministère de l'intérieur, et entre dans celui de la Direction paternelle.

TITRE XI.

Dispositions communes aux Maisons de Secours, de Détention, de Dépôt de justice.

286. Un aumônier est destiné à chacune de ces maisons, pour 500 personnes et au-dessous ; plusieurs pour un plus grand nombre, dans cette proportion.

287. Une quantité suffisante de livres choisis, à la portée des individus qu'elles sont susceptibles de recevoir, est affectée à ces maisons.

288. Des ateliers y sont formés, et tous ceux qui sont valides, sont obligés d'y travailler.

289. Les pauvres, d'une condition libérale, y obtiennent des moyens d'occupation analogue.

290. L'aumônier guidé lui-même par la direction, règle la conduite des détenus, y maintient l'ordre, les instruit, les organise entr'eux, et leur enseigne à s'instruire les uns les autres.

291. Ceux qui se distinguent, obtiennent des adoucissemens ; le désordre y est puni.

292. Tout le bien possible y est opéré.

293. Tout le mal, tous les abus possibles, en sont extirpés.

294. L'insalubrité, les crimes des guichetiers, les vexations, la dissolution des détenus entr'eux, cessent d'y aggraver le malheur, et d'y dégrader de plus en plus l'humanité.

295. Les heures de repos, les jours fériés y sont partagés entre les exercices, les lectures de piété et les délassemens irréprochables de toute nature.

296. La Direction y disposera toutes choses, comme dans une famille et de manière que

les victimes ou s'y maintiennent, ou en sor-
tent meilleures, plus dignes de Dieu et de la
société.

297. L'aumônier dirige les syndics dans
leurs fonctions.

298. Il a dans les siennes, une source abon-
dante de bonnes-œuvres et de gloire.

299. La direction recueille et relève soi-
gneusement, tout le bien qu'il opère.

300. Elle met les détenus, les enfans trouvés et les pauvres valides, à la disposition de
tous citoyens bien famés et solvables qui
veulent les occuper.

TITRE XXIII.

Libération absolue de l'État.

797. Pour placer à jamais, un diamant sur
la Direction paternelle et maternelle faite
pour couronner nos constitutions, dès-lors,
vrai diadême de nos lois', chaque syndic four-
nit, dans les vingt-quatre heures de l'installa-
tion, l'état nominatif, avec la demeure des
chefs de famille compris dans le syndicat.

798. La direction paternelle le vérifie dans
en délai pareil, et l'arrête.

799. Dans les quarante-huit heures après,

elle rédige, fait imprimer et adresse aux chefs de famille et aux syndics, les bordereaux prescrits par l'article 165 du Code de *Direction-Paternelle et Marternelle*.

800. Dans le même délai suivant, tous lui adressent le double de leur bordereau répondu en tous ses titres, à peine de contrainte par corps, jusqu'à ce qu'ils obéissent. La minute restée entre les mains de son auteur, en est arrêtée, signée et paraphée par la Direction paternelle.

801. Les déclarations comprennent les propriétés que l'on possède en France et dans tous autres pays, foncières, mobilières, commerciales, industrielles, espèces, créances, actions, à quelque titre que ce soit.

802. Ces actes expriment le serment que leur auteur ne possède rien au-delà, et que ses évaluations sont fidèles.

803. Ils comprennent l'actif et le passif sous tous les rapports et sous la même foi du serment, à peine de confiscation de tous objets non déclarés ou évalués au-dessous du sixième de leur valeur; ce qui peut être vérifié par trois autorités réunies, sur la demande de la direction, à vue, soit des objets, soit de tous autres documens.

804. Tous, savoir : le syndic, en ce qui concerne chacun de ses administrés, et les chefs de famille, pour ce qui leur est particulier, joignent, sous la même peine, à leur bordereau, une déclaration de ce qu'eux, ou ceux dont il ont hérité depuis le 1.er janvier 1789, possédaient à cette époque en propriété foncière, mobilière et industrielle, des pertes qu'ils ont éprouvées depuis, des causes qui les ont produites, provenant, soit des lois, soit de la révolution et de la guerre, tant intérieure qu'extérieure.

805. Ces diverses déclarations sont enregistrées à la Direction, jour par jour, sans aucun blanc, ni intervalle. Mention en est faite au dos des minutes demeurées entre les mains de leurs auteurs.

806. Immédiatement et sans désemparer, le conseil municipal qui s'adjoint deux membres de chaque direction de son territoire, vérifie les déclarations et les arrête.

807. Son arrêté est provisoirement exécutoire, sauf l'appel au préfet, et ultérieurement au ministère de l'intérieur, de la part des personnes qui se prétendraient lésées.

808. La déclaration de créances, propriétés en espèces, lingots et toutes autres per-

sonnelles , impossibles à découvrir sans elle ,
et d'acquit comptant de la contribution ci-
après , confère un degré de noblesse par
chaque valeur de 120,000 francs , qui en est
l'objet, et une décoration ayant pour devise :
Sauveur de son pays.

809. Celle qui comprend une somme moindre , mais non au-dessous de 10,000 francs ,
confère une décoration , énonçant dans
l'exergue : *Loyauté, denier de la veuve,
pour sauver son pays.*

810. La révélation de toutes espèces de
propriétés déguisées ou recélées , emporte
confiscation, moitié au profit de l'État , moitié au profit du révélateur qui ne sera point
divulgué. Le tout sera assujetti à la contribution libératrice et aux autres impôts.

811. Tous titres de créances quelconques,
seront sujets à un timbre particulier, gratuit,
que les porteurs devront requérir en leur domicile , dans les huit jours à écouler dès la
promulgation légale des présentes , à peine
de nullité des titres , et enregistrés à présentation , à peine d'amende contre le garde du
timbre , égale à la créance omise.

812. Les créances possédées chez l'étranger,
seront déclarées aux Consuls en résidence,

dans le mois qui suivra le jour où la loi leur
devra être parvenue, d'après les règles du
Code civil, et leurs déclarations enregistrées,
le tout sous les mêmes peines.

813. Leurs titulaires alors en France, seront tenus de les comprendre dans leur déclaration, à la Direction paternelle, sous les
mêmes peines.

814. A la présentation de tous titres de
créance, au nouveau timbre, s'il n'apparaît
pas qu'ils aient été déclarés à la direction,
le garde du timbre, sous les peines ci-dessus
et celle de révocation, en exigera une copie
certifiée par le titulaire ; sinon il en gardera
le titre, et adressera l'un ou l'autre au conseil municipal et à la Direction.

815. Tous tiers détenteurs de pareils titres,
ou de déclarations de créances, sous quelque
condition que ce soit, tous notaires, gref-
fiers, conservateurs d'hypothèques, cour-
tiers, banquiers, agens de change, déclareront, dans le mois de la promulgation de
cette loi, les créances, titres, renseigne-
mens, minutes, expéditions, brevets, enre-
gistremens de créances non-acquittées quelconques existant entre leurs mains, laissés
en leur pouvoir, ou énoncés dans leurs re-

gistres , répertoires ou minutes , à peine d'amende de pareilles sommes , au profit de l'État.

816. Tous débiteurs qui auront déclaré à la direction , les créances célées par leurs titulaires , en seront déchargés de moitié , à condition d'en payer la contribution libératrice , et la cotisation paternelle.

817 Toutes espèces monnayées, tous meubles, effets et lingots en or , argent , et tous autres métaux, tous diamans , bijoux, pierres précieuses, sont assujettis à un contrôle gratuit , établi à cet effet.

818. Ils seront présentés , pour être marqués à ce contrôle, avant la déclaration qui en doit être faite à la Direction.

819. Le contrôleur en tiendra un registre sur lequel il inscrira, jour par jour, sans aucun blanc ni intervalle, les noms , les prénoms , profession , domicile des propriétaires , les objets présentés au contrôle , leur valeur déterminée par leurs espèces , sinon par deux experts jurés et devant la direction.

820. Ceux possédés en pays étranger, par des Français légitimes, seront déclarés aux Consuls , dans le mois du délai légal pour la

promulgation. Ils en tiendront registre et en adresseront l'extrait au ministre des relations extérieures, dans les délais consacrés par la même loi.

821. Aucune espèce métallique, monnayéé ou non, aucun meuble en ces métaux, ne seront mis en circulation, transportés hors de France, ni même d'une commune à l'autre, dans l'intérieur de la France, par qui que ce soit, s'ils n'ont préalablement été contrôlés et déclarés à la Direction du lieu du départ, dans le délai ci-dessus.

822. Aucune marchandise, ni denrée ne pourront non plus sortir du royaume ni être transportées de place en place, avant leur déclaration à la Direction du lieu de leur départ.

823. Toutes les valeurs, tous les objets ainsi mis en circulation, transportés, d'un lieu à un autre, dans l'intérieur ou hors de France, de la déclaration desquels on ne pourra justifier, seront confisqués au profit de l'État, des saisissans et de ceux qui les auraient dénoncés, ainsi que les équipages, et chevaux, ou les bateaux et agrès qui en seraient chargés, et les conducteurs incarcérés pour un an. Si les coches, bateaux, voi-

tures et équipages appartiennent à une admi-
nistration, les agens qui auront accepté le
chargement, seront responsables et condamnés à une amende égale à la valeur des objets
saisis, sans préjudice de l'emprisonnement
pour tenir lieu de la confiscation des équipages.

824. Toutes autorités, tous fonctionnaires
publics, militaires ou civils, tous les citoyens
sont invités à surveiller cette fraude, de toutes
la plus chétive, et la plus honteuse.

825. Les propriétaires contrevenans seront
condamnés à trois ans de prison, et en outre,
privés de tous droits civiques pendant dix
ans. Les préposés contre la fraude, qui l'auront favorisée, subiront la peine imposée aux
traîtres et aux rebelles envers l'État.

826. Le Journal Paternel fera mention des
déclarations des *Sauveurs de leur pays,* des
contraventions et châtimens.

827. Toutes propriétés mobilières quelconques entrant en France, que les possesseurs
connaissaient et qu'ils n'auront pas comprises
dans leur déclaration, paieront à leur entrée,
le quinzième, au lieu du soixantième.

828. Les Consuls et chargés d'affaires de
France, en pays étranger, rechercheront les

propriétés de toute nature , qui y existent ; appartenant à des Français légitimes, et en adresseront l'état circonstancié au ministère des relations extérieures.

829. Toutes propriétés commerciales ou autres entrant en France, subiront la contribution ci-après , outre les droits d'entrée , s'il n'est produit une attestation du Consul, de l'Ambassadeur français et du premier Ministre du pays du départ, qu'elles appartiennent à leur conducteur ou à son mandant indigène dudit pays, et qu'aucun Français n'y est intéressé.

830. Leurs conducteurs déclareront par serment, entre les mains de la Direction paternelle du port, qu'ils n'introduisent aucune propriété , en nature, ni en titres, appartenant à des Français. En cas de contravention , la cargaison entière sera confisquée à même profit que ci-dessus.

831. Les objets quelconques non timbrés , s'ils en sont susceptibles, et non déclarés, trouvés quelque part que ce soit, seront confisqués à même profit. Les propriétaires et les recéleurs seront condamnés solidairement à une amende équivalente , puis à trois ans de prison , à dix ans de privation de tous droits

civiques, et mis en surveillance pendant ce délai.

832. Un mois après la huitaine accordée aux déclarations, chaque conseil municipal, après avoir entendu la Direction, établit un état général des propriétés foncières, mobilières et industrielles, le rend public, en laisse un double à la Direction, et en adresse un second au conseil d'arrondissement qui le vérifie, le confirme et le fait parvenir au préfet. Cet administrateur réunit tous les états du département et en envoie le résumé, au Ministre des finances.

833. Chacune de ces autorités, conserve la minute des états qui la concernent.

834. Ces états déterminent le soixantième de la·fortune de chaque particulier, et les espèces, propriétés foncières, meubles et obligations dans lesquels il peut le réaliser.

835. Les mêmes autorités établiront successivement, de la même manière, la somme qu'elles jugeront indispensable, suffisante à chacun de tous les Français, grévés au-dedans ou au-dehors du royaume, par la guerre, la révolution et les lois fiscales, quelle qu'ait été leur opinion politique, pour les indemniser, de manière à leur assurer une existence pro-

5

portionnée à leur rang, à leurs besoins raisonnables, à leur état avant la révolution et à la fortune publique.

836. Elles résumeront ces divers calculs, et en publieront le résultat par le Journal Paternel.

837. Le Ministre des finances forme de ces ressources et ces besoins, un budget général, et y propose sur les propriétés de toutes espèces, une contribution absolue et unique de dix milliards de francs.

838. Un milliard en est consacré, savoir :

1.º A activer les travaux de toute nature;

2.º A parachever les embellissemens commencés dans le royaume, à les augmenter, les porter au plus haut degré;

3.º A ne rien laisser à desirer dans la confection des routes;

4.º A réparer tous nos magasins; relever, ranimer notre marine, toutes nos manufactures, garnir nos arsenaux;

5.º Secourir, récompenser, exalter les écrivains, les artistes qui contribueront, par leurs chefs-d'œuvre, à réparer les pertes de nos bibliothèques et de nos musées;

6.º Verser les sommes nécessaires, dans la caisse paternelle, à mesure des emplois importans à en faire et sur ses demandes.

839. Un état clair et précis par chaque direction, de la recette de ces sommes et de ses emplois, distinct du budget, sera mis, de mois en mois, sous les yeux du public, ci. . . . . , ...   1,000,000,000 f.

840. 1,500,000,000 fr. sont consacrés à acquitter la France, envers les alliés, ci. . . , . . - . . .   1,500,000,000.

841. 7,500,000,000 fr. seront distribués au marc le franc, entre tous les créanciers de l'État, quelque origine qu'aient leurs créances, fondées soit en titres de rentes perpétuelles, consolidées ou ravies par la banqueroute, et sous toutes autres dénominations, soit fondées sur les causes et faits avérés par les conseils et le préfet, d'après les articles 804 et 835, ci. . . . .   7,500,000,000.

Total. . . .   10,000,000,000 f.

842. Il sera délivré à chaque créancier, un

titrè en la forme la plus simple et la moins dispendieuse, qui exprimera la somme dont le paiement est déterminé à son profit.

843. Pour former ces dix milliards, chaque propriété des trois natures, foncière, mobilière et industrielle, est, toutes proportions gardées, imposée, une seule fois pour tout, au soixantième de son capital, équivalent au tiers d'une seule année de produit.

844. Aucun Français n'est exempt de cette contribution.

845. Le contingent qu'en doivent les créanciers de l'État, sera résumé et sa somme publiée, pour faire connaître la diminution qu'elle opère sur les dix milliards effectifs.

846. Ces créanciers le paieront en acquit à compte de ce qui leur est dû, et jusqu'à concurrence.

847. Chaque propriétaire et possesseur acquittera sa quote part en espèces, sinon en immeubles, meubles, effets mobiliers, et en cas d'insuffisance, en ses effets hypothécaires, de la part des propriétaires fonciers, et emportant contrainte par corps, de la part des propriétaires mobiliers, payables dans le cours de vingt années, par termes et à 8 pour o/o d'intérêt jusqu'à libération absolue qu'ils sont libres d'accélérer.

848. Qui s'acquittera dans la première année, aura le droit d'ajouter à ses noms et qualités, dans tous ses titres et actes, l'épithète : *Empressé à sauver son pays*, *sous le règne desiré.*

849. Aucun héritier, aucun acquéreur ne sera saisi de l'objet de son acquisition, ni de son hérédité, qu'il n'ait justifié de l'acquit absolu de la quote part de son auteur, à cette contribution.

850. Une retenue du soixantième, pendant vingt ans, sur les appointemens et salaires de toute nature, sera exercée par tous ceux qui les soldent, pour former la contribution libératrice, au nom des rétribués, si mieux n'aiment les débiteurs rembourser plutôt.

851. Qui offrira et réalisera, dans les termes généraux de la loi, la contribution libératrice triple, portera le titre transmissible à ses descendans, de *Chevalier Français*, pour les hommes, et *Dame Française*, pour les femmes, sous *le règne desiré.* Il ajoutera cette qualification, à celles accordées par tous les autres articles, s'il les exécute.

852. Les immeubles donnés en paiement, par les contribuables, seront reçus pour leur valeur, à raison de 2 1/2 p. 100 du reve-

nn, d'après les baux sans fraude, et à leur défaut, d'après estimation.

853. Leurs meubles seront reçus pour leur valeur réelle et commerciale, d'après estimation contradictoire.

854. Les effets solides sur particuliers solvables, seront reçus en paiement, mais subiront un intérêt de 8 pour o/o.

855. Tous ces objets seront déposés entre les mains des receveurs du domaine, auxquels seront accordés des édifices nationaux pour renfermer les meubles.

856. Les immeubles et les meubles seront vendus à l'enchère. Le prix de l'estimation en formera la première mise à prix.

857. Les titres de créance, énoncés en l'article 842, seront reçus pour comptant, en paiement des objets ainsi adjugés et des contributions.

858. Le montant des sommes payées en effets, par les contribuables, sera résumé; le capital qu'elles formeront sera publié.

859. Il sera émis des *bons royaux*, pour une somme égale à ce capital, lesquels produiront huit pour o/o d'intérêt.

860. Ces bons seront monétisés, divisés en coupons, de la plus facile circulation, et prémunis contre toute falsification.

861. Ils auront cours d'espèces, jusqu'à leur épuisement.

862. Les remboursemens opérés par les contribuables, de leurs effets, seront publiés chaque jour.

863. Les receveurs verseront à la caisse d'amortissement, des bons royaux, jusqu'à la concurrence de ces effets remboursés ainsi. Ces bons seront brûlés, en sorte qu'ils auront entièrement disparu de la circulation, aussitôt le remboursement des effets, consommé.

864. Si des capitalistes français ou étrangers veulent échanger des espèces, contre les effets des contribuables, les intérêts, et en outre dix pour o/o du capital de ces effets, leur seront accordés.

865. Dans le cas où cet échange absorberait les effets, il ne sera émis aucuns *bons royaux*.

866. Les présentes dispositions ne dérogent en aucune manière, à celles qui regardent la banque de France, laquelle demeure intacte.

867. Le budget des dépenses annuelles du royaume, sera réformé d'après les réductions de celles du département de la guerre, des rentes perpétuelles remboursées, de la solde

des alliés, de la suppression de l'impôt des cultes et des dépôts de mendicité.

868. L'actif du budget, se composera des revenus de l'Etat et du produit des impôts de toute nature, réduits à la quotité nécessaire pour balancer les dépenses et un huitième en sus, pour les cas imprévus.

869. Ce budget sera publié avec profusion, dans tout le royaume.

870. Aucun emprunt ne sera fait désormais au nom de l'Etat.

871. Si des besoins extraordinaires, imprévus, exigeaient un surcroît de dépenses, les Français, avec le même zèle, y concourront de toutes leurs ressources.

FIN.

IMPRIMERIE DE MIGNERET, RUE DU DRAGON, N.º 20.

www.ingramcontent.com/pod-product-compliance
Ingram Content Group UK Ltd.
Pitfield, Milton Keynes, MK11 3LW, UK
UKHW021053150726
13693UKWH00007B/1405